少人数で盛り上がる シニアの1,2分体操&ゲーム50

斎藤道雄 著

黎明書房

はじめに

「準備なし，道具不要」は最強のスキル

「ちょっとした時間でできるゲームや体操はありませんか？」

あるデイサービスの現場スタッフの方からの質問です。

デイサービスでは，車での送迎サービスがあります。
何回かに分けてピストンするので，到着するのに時間差があります。
早く到着した人は，全員がそろうまでに待ち時間ができます。

なので，「ちょっとした時間にできるゲームや体操はありませんか？」となります。

この本は，そんな現場の要望をかなえるためにつくりました。

キーワードはこの３つです。
「少人数」
「1，2分」
「準備なし，道具不要」

この本を読めば，**いつでも，どこでも，かんたんに，ちょっとした空き時間にも柔軟な対応ができるようになります。**

さらに，もうひとつ現場スタッフの方には，ものスゴいメリットがあります。
それは，**「準備なし，道具不要」というのは，最強のスキルになる**からです。

その理由は，３つ。

1. レクリエーション活動の効率アップ

道具を作ったり，用意したり，配ったりする時間が省略できる。

2. 体操やゲームの知識と技術の獲得

道具が使えないとより創意工夫を凝らす必要があるので，考える力がつく。

3. 時間調整が自由自在

1，2分の体操やゲームを自由に組み合わせることで自由自在に時間調整ができる。

もちろん，トランプや輪投げなどの道具を使って活動するのも楽しいものです。

でも，「道具がないと何もできない」というのは，ちょっと考えものです。

道具がないと，必然的に，より創意工夫を凝らさなければならなくなります。

最強のスキルとは，その創意工夫の繰り返しの結果，身につく知識と技術なのです。

ぜひ，この本で，最強のスキルを身に付けてください。

この本の9つの特長

❶　デイサービスや老人ホームなどの現場で活躍するスタッフの方が，シニアのレクリエーション活動を支援するための本です。

❷　もちろん，シニアご本人でも活用できます。

❸　道具を一切使わない体操とゲームの本です。

❹　準備の必要がないので，いつでも，どこでも，かんたんにできます。

❺　朝の体操や，食事の前後，ちょっとした空き時間に使えます。

❻　すべて椅子に腰かけたままでできます。

❼　2人一組，または，3，4人といった少人数でできます。

❽　「スタッフの方におすすめテク！」では，現場で役立つテクニックがわかります。

❾　デイサービスや老人ホームなど，定期的に現場で活動しているプロインストラクターが現場目線でつくった本です。

この本の使い方

　現場で実際にレクリエーション活動をするときには，こうして楽しみましょう！

1.　この本の中から，やりたい体操を 3 つ，ゲームを 3 つ，それぞれ選びます。
2.　はじめに体操をしてウォーミングアップ。そのあとでゲームをして楽しみましょう。

体操でウォーミングアップ！

　①ウキウキ！　（10 ページ参照）

　②プランプラン（15 ページ参照）

　③かかとの上げ下げ（29 ページ参照）

ゲームで楽しむ！

　④げんこつ山（43 ページ参照）

　⑤お笑い顔じゃんけん（48 ページ参照）

　⑥小さいあくしゅ大きいあくしゅ（57 ページ参照）

※所要時間 10 分〜 15 分。

※体操とゲームの内容は，組み替え自由です。

※体操やゲームの数は，レクリエーション活動の時間に応じて増やしたり，または減らしたりしてください。

も く じ

Ⅰ　少人数で盛り上がるシニアの１，２分体操

◎元気が出る１，２分体操

◎心と体がリラックスする１，２分体操

◎姿勢をよくして若返る１，２分体操

Ⅱ　少人数で盛り上がるシニアの１, ２分ゲーム

① Vサイン！

人差し指と中指を伸ばして，できる限り指を伸ばす体操です。

ねらいとききめ 〔 手指の器用さ維持 〕 〔 指関節の柔軟性維持 〕

すすめかた

① 　片手を前に出します。
② 　人差し指と中指を伸ばして，ほかの指は曲げます。
③ 　人差し指と中指をできる限りをひらきます。
④ 　4つかぞえます。
⑤ 　交互に2回ずつします。

スタッフの方におすすめテク！

●こう言うとよい！

　スタッフの方は，「人差し指と中指をひらきます」より「人差し指と中指をできる限りひらきます」と言いましょう。

●こんなのもあり！

　中指と薬指でしてもオッケーです。

② ウキウキ！

手を軽くにぎって，ひじを曲げて，ひじで体側を軽くたたく体操です。

ねらいとききめ　(リラックス)　(姿勢保持)

すすめかた

① 足を肩幅にひらきます。
② 胸を張ります。
③ 手を軽くにぎって，ひじを直角に曲げます。
④ ひじで体側をトントンと軽くたたきましょう。（8回）
⑤ 2回繰り返しましょう。

スタッフの方におすすめテク！

●**こう言うとよい！**
スタッフの方は，「手をにぎって」より「手を軽くにぎって」と言いましょう。

●**こうするとよい！**
自分の中で最高の笑顔でしましょう！

③ びっくり体操

できる限り驚きの表現をする体操です。

ねらいとききめ　（表現力アップ）　（表情筋強化）

すすめかた

① 足を肩幅にひらきます。

② 両手を胸の前でパーにします。

③ 口を大きくあけます。

④ 自分の中で一番びっくりした顔をしましょう。

⑤ 4回します。

スタッフの方におすすめテク！

●こう言うと**よい**！

　スタッフの方は，「びっくりした顔」より「自分の中で一番びっくりした顔」と言いましょう。

●こうすると**よい**！

　恥ずかしがらずに思い切ってすると楽しいです。

④ 指伸ばし

薬指からかぞえはじめる指の体操です。

ねらいとききめ　(指の器用さ維持)　(手指の血行促進)

すすめかた

①　片手を前に出して軽くにぎります。

②　「いち」で，薬指を伸ばします。

③　「にい」で，薬指と人差し指を伸ばします。

④　「さん」で，中指と薬指と小指を伸ばします。

⑤　2〜4を4回繰り返します。

⑥　同じように反対の手もやりましょう。

スタッフの方におすすめテク！

●**こうするとよい！**

「いち」「にい」「さん」と元気に声を出して，かぞえながらしましょう！

●**こうするとよい！**

無理せずに自分にできる範囲でしましょう。

⑤ 元気が出るポーズ

右手の拳を上に振り上げて最高にいい顔をする体操です。

ねらいとききめ　　姿勢保持　　意欲アップ

すすめかた

① 　足を肩幅にひらきます。
② 　胸を張ります。
③ 　左手を腰に置きます。
④ 　右手を握って拳を上に振り
　上げます。
⑤ 　4つかぞえます。
⑥ 　そのポーズで自分の中で最
　高にいい顔をしましょう。

スタッフの方におすすめテク！

●こう言うとよい！

　スタッフの方は，「いい顔をしましょう」より「自分の中で最高にいい顔をしましょう」と言いましょう。

●こんなのもあり！

「自分の中で最高の笑顔をします」としてもオッケーです。

⑥ ぱっとひらいて！

両手をひざの上に置いて，両手をぎゅうっと強くにぎって，ぱっとひらく体操です。

ねらいとききめ　(握力強化)　(手と腕のリラックス)

すすめかた

① 足を肩幅にひらきます。
② 手のひらを上にして両手をひざの上に置きます。
③ 両手をぎゅうっと強くにぎって，ぱっと一気にひらきます。
④ 手をひらいたときに手の力を抜きます。
⑤ 4回繰り返しましょう。

ぎゅ―――っ

スタッフの方におすすめテク！

●こう言うと**よい**！

スタッフの方は，「両手をにぎって」より「両手をぎゅうっと強くにぎって」と言いましょう。

●こんなのも**あり**！

にぎるときに「ぎゅう」，ひらくときに「ぱっ」と言いながらしてもオッケーです。

⑦ プランプラン

手と腕の力を抜いて腕を前後に振る体操です。

ねらいとききめ （リラックス） （手と腕の血行促進）

すすめかた

① 　足を肩幅にひらきます。

② 　体の横で両手を下にさげます。

③ 　手と腕の力を抜いてダラーン
とします。

④ 　力を抜いたままで両腕を前後
に軽く振ります。

⑤ 　10かぞえる間続けましょう。

いち，にい，さん，しい，ごお，ろく，しち，はち，きゅう，じゅう

スタッフの方におすすめテク！

●こう言うとよい！

　スタッフの方は，「力を抜きます」より「力を抜いてダラーンとします」
と言いましょう。

●こうするとよい！

　リラックスした気分でやりましょう。

⑧ やすらぎのポーズ

両手をひざに置いて，しずかに目をとじて深呼吸する体操です。

ねらいとききめ （ リラックス ） （ 呼吸器の機能維持 ）

すすめかた

① 足を肩幅にひらきます。

② 胸を張ります。

③ 手のひらを上にして両手をひざの上に置きます。

④ しずかに目をとじて深呼吸をします。

⑤ 深呼吸を何度か繰り返しましょう。

スタッフの方におすすめテク！

●**こう言うとよい！**

　スタッフの方は，「目をとじて」より「しずかに目をとじて」と言いましょう。

●**こうするとよい！**

　深呼吸は鼻から吸って口からはきましょう。

⑨ 腰たたき

両手拳で腰のあたりを軽くたたく体操です。

ねらいとききめ 〔 腰の血行促進 〕 〔 リラックス 〕

すすめかた

① 足を肩幅にひらきます。

② 少し前かがみになります。

③ 両手をにぎって，拳で腰のあたりを軽くたたきます。

④ 気持ちがいいようにたたきましょう。

スタッフの方におすすめテク！

●こう言うと よい！
スタッフの方は，「たたきましょう」より「気持ちがいいようにたたきましょう」と言いましょう。

●こんなのも あり！
両手が無理なようであれば，片手ずつたたいてもオッケーです。

⑩ 手先ぽかぽか

　手と手を合わせて，手を洗うようにして両手をこすり合わせる体操です。

ねらいとききめ　　手指の血行促進

すすめかた

① 足を肩幅にひらきます。
② 両手を前に出して手と手を合わせます。
③ 手を洗うようにして両手をゴシゴシとこすり合わせます。
④ 手のひら，手の甲，手の指をゴシゴシしましょう。

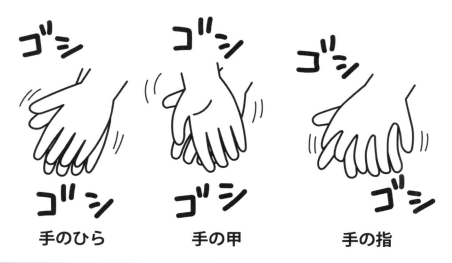

　　　手のひら　　　　　手の甲　　　　　　手の指

スタッフの方におすすめテク！

●**こうするとよい！**
　スタッフの方が，「手のひら」「手の甲」「手の指」と，こすり合わせる部位を指示しましょう。

●**こんなのもあり！**
　手首や，ひじをゴシゴシしてもオッケーです。

⑪ 大あくび

両腕を上に伸ばして，声を出して大きなあくびをする体操です。

ねらいとききめ 〔 リラックス 〕 〔 肩の柔軟性維持 〕

すすめかた

① 足を肩幅にひらきます。

② 両手を軽くにぎって上に伸ばします。

③ このときにできる限り口をあけて，大あくびをしましょう。

④ 「あ〜あ」と声を出してします。

⑤ 2回します。

あ〜あ

スタッフの方におすすめテク！

●こう言うとよい！
スタッフの方は，「あくび」より「大あくび」と言いましょう。

●こうするとよい！
できる限り大げさな動作でやりましょう！

⑫ 頭おこし

両手を腰に置いて，頭を真横にたおしたり，おこしたりする体操です。

ねらいと**ききめ**　（首と肩の柔軟性維持）　（血行促進）

すすめかた

① 足を肩幅にひらきます。

② 胸を張ります。

③ 両手を腰に置きます。

④ 頭を真横にたおして4つかぞえます。

⑤ 元に戻します。

⑥ 反対も同じようにします。交互に2回ずつします。

スタッフの方におすすめテク！

●こう言うと**よい**！

スタッフの方は，「頭を横にたおして」より「頭を真横にたおして」と言いましょう。

●こうすると**よい**！

ゆっくりと，ていねいに動作しましょう。

⑬ パタパタ

手のひらで肩や腕をパタパタとたたく体操です。

ねらいと**ききめ** （疫労回復）　（血行促進）

すすめかた

① 足を肩幅にひらきます。
② 右手で，左の肩と腕を軽くたたきます。
③ 左手で，右の肩と腕を軽くたたきます。
④ 最後に深呼吸をして終わります。

パタ
パタ

スタッフの方におすすめテク！

●こう言うと**よい**！

スタッフの方は，「たたきます」より「軽くたたきます」と言いましょう。

●こんなのも**あり**！

ひざの前後やももの前後をパタパタしてもオッケーです。

⑭ おじぎ

両手をひざに置いて，胸を張って上体を前にたおす体操です。

ねらいと**ききめ**　（胸と背中のストレッチ）　（姿勢保持）

すすめかた

① 足とひざをとじます。

② 両手をひざに置きます。

③ 胸を張ります。

④ 上体を前にたおして 4 つかぞえます。

⑤ ゆっくりと上体を元に戻します。

⑥ 4 回繰り返します。

スタッフの方におすすめテク！

●こうすると**よい**！
ゆっくりと，ていねいに動作しましょう。

●こうすると**よい**！
上体を前にたおしたときに，背筋が丸まらないように意識しましょう。

⑮ 一本橋のポーズ

片手を前に伸ばして，反対の手は後ろに伸ばす体操です。

ねらいとききめ　　体側のストレッチ　　柔軟性維持

すすめかた

①　足を肩幅にひらきます。

②　胸を張ります。

③　片手を前に伸ばします。

④　このときに肩と腕を前に出すようにします。

⑤　反対の手は後ろに
　伸ばして４つかぞ
　えます。

⑥　前後の手を反対に
　してやりましょう。

スタッフの方におすすめテク！

●こう言うとよい！

スタッフの方は，「肩と腕を前に出すようにします」と言いましょう。

●こうするとよい！

腕が肩の高さぐらいになるように意識しましょう。

⑯ きをつけ！

　足をとじて両手をひざの上に置いて，背筋をピンと伸ばす体操です。

ねらいとききめ　(胸と背中のストレッチ)　(姿勢保持)

すすめかた

① 　足とひざをとじます。
② 　両手をひざの上に置きます。
③ 　背筋をピンと伸ばして４つ
　かぞえます。
④ 　４回します。

いち
にい
さん
しい

スタッフの方におすすめテク！

●**こう言うと よい！**
　スタッフの方は，「足をとじます」より「足とひざをとじます」と言いましょう。

●**こうすると よい！**
　最後に深呼吸をして終わりましょう。

⑰ ねじりのポーズ①

両手を腰に置いて，胸を張って，顔と胸を真横に向ける体操です。

ねらいとききめ 〈 体側のストレッチ 〉 〈 柔軟性維持 〉

すすめかた

① 足を肩幅にひらきます。

② 胸を張ります。

③ 両手を腰に置きます。

④ 胸と顔を真横に向けて４つ
　かぞえます。

⑤ そうっと元に戻します。

⑥ 反対も同じようにします。

⑦ 交互に２回ずつしましょう。

スタッフの方におすすめテク！

●こう言うとよい！

　スタッフの方は，「胸と顔を横に向けて」より「胸と顔を真横に向けて」
と言いましょう。

●こんなのもあり！

　胸を張ったままの姿勢で横を向くように意識しましょう。

25

⑱ ねじりのポーズ②

胸の前で合掌して，顔と胸を真横に向ける体操です。

ねらいとききめ　柔軟性維持向上　姿勢保持

すすめかた

① 足を肩幅にひらきます。

② 胸を張ります。

③ 胸の前で合掌します。

④ 胸と顔を真横に向けて 4 つ
　かぞえます。

⑤ そうっと元に戻します。

⑥ 反対も同じようにします。

⑦ 交互に 2 回します。

スタッフの方におすすめテク！

●こう言うとよい！

　スタッフの方は，「胸と顔を横に向けて」より「胸と顔を真横に向けて」
と言いましょう。

●こうするとよい！

　無理をせず，自分にできる範囲でやりましょう。

⑲ やすめのポーズ

　　足を肩幅にひらいて，両手を後ろで組んで，やすめの姿勢をする体操です。

ねらいとききめ　　胸のストレッチ　　姿勢保持

すすめかた

① 　足を肩幅にひらきます。
② 　両手を後ろで組みます。
③ 　胸を張ります。
④ 　このときに胸を前に突き出す
　　ようにします。
⑤ 　③④を4回繰り返します。

スタッフの方におすすめテク！

●こう言うとよい！
　スタッフの方は，「胸を前に出す」より「胸を前に突き出す」と言いましょう。

●こんなのもあり！
　両手を後ろで組むのがむずかしいときは，両手を腰に置いてもオッケーです。

27

⑳ 胸を張って！

ひじを引いて，胸を張る体操です。

ねらいと**ききめ** （胸のストレッチ） （姿勢保持）

すすめかた

① 足を肩幅にひらきます。
② 両手を軽くにぎって，ひじを
  曲げます。
③ ひじを後ろに引いて胸を張り
  ます。
④ このときに胸を前に突き出す
  ようにします。
⑤ 4つかぞえます。
⑥ ③～⑤を4回繰り返します。

スタッフの方におすすめテク！

●こう言うと**よい**！

スタッフの方は，「胸を前に出す」より「胸を前に突き出す」と言いましょう。

●こうすると**よい**！

ゆっくりと，ていねいに動作しましょう。

21 かかとの上げ下げ

両手をひざに置いて，かかとを上げたり下げたりする体操です。

ねらいとききめ　脚力アップ　バランス力維持

すすめかた

① 足とひざをとじます。

② 胸を張ります。

③ 両手をひざに置きます。

④ かかとを上に持ち上げて 4 つかぞえます。

⑤ ゆっくりと元に戻します。

⑥ 4 回繰り返します。

スタッフの方におすすめテク！

●こう言うとよい！

スタッフの方は，「足をとじます」より「足とひざをとじます」と言いましょう。

●こうするとよい！

無理をしないで自分にできる範囲でやりましょう。

㉒ けつあつ体操

両手をひざに置いて，お尻をしめるように力を入れる体操です。

ねらいとききめ （でん筋強化） （姿勢保持）

すすめかた

① 足を肩幅にひらきます。
② 胸を張ります。
③ 両手をひざに置きます。
④ お尻にぎゅっと力を入れて4 つかぞえます。
⑤ 4回繰り返しましょう。

いち，
にい，
さん，
しい，

ぎゅっ

スタッフの方におすすめテク！

●こう言うとよい！

　スタッフの方は，「お尻に力を入れて」より「お尻にぎゅっと力を入れて」と言いましょう。

●こうするとよい！

　元気に声を出して，数をかぞえながらしましょう！

㉓ ひざ伸ばし

片足を上げて足を前に出して，ひざを伸ばす体操です。

ねらいとききめ　　（ ひざの屈伸維持 ）　（ ももの筋力アップ ）

すすめかた

① 両手でイスを押さえます。

② 片足を上げます。

③ ひざを伸ばして4つ
　 かぞえます。

④ このときに，ひざが
　 しっかり伸びるのを意
　 識します。

⑤ ゆっくりと元に戻し
　 ます。

⑥ 足をかえて同じ動作
　 をしましょう。

いち，にい，
さん，しい，

スタッフの方におすすめテク！

●**こう言うとよい！**

　スタッフの方は，「ひざがしっかり伸びるのを意識」するように言いましょう。

●**こうするとよい！**

　声を出して数をかぞえながらしましょう。

㉔ 足はとじて，ひざはひらいて

両手をひざの上に置いて，ひざをとじたり，ひらいたりする体操です。

ねらい と ききめ ┃ 股関節(こかんせつ)動作の円滑化 ┃

すすめかた

① 足とひざをとじます。
② 両手をひざの上に置きます。
③ 背筋をピンと伸ばします。
④ （足をとじたままで）ひざを左右にひらいて4つかぞえます。
⑤ ゆっくりと元に戻します。
⑥ 4回繰り返します。

スタッフの方におすすめテク！

●こう言うとよい！
スタッフの方は，「背筋を伸ばします」より「背筋をピンと伸ばします」と言いましょう。

●こうするとよい！
ひざをひらいたときに背筋が丸まらないように意識しましょう。

25 ももあげ！

片方のももを上に上げたり下げたりする体操です。

ねらいと**ききめ**　足腰強化　腹筋強化

すすめかた

① 足を肩幅にひらきます。
② 両手でイスを押さえます。
③ 背筋をピンと伸ばします。
④ 片方のももを上に上げて4つかぞえます。
⑤ 元に戻します。
⑥ 交互に2回ずつします。

スタッフの方におすすめテク！

●**こうするとよい！**
ゆっくりと，ていねいにやりましょう。

●**こうするとよい！**
足を上げたときに背中が丸まらないように意識しましょう。

体操するのに「居眠りしてもいい」という理由

「眠くなったら居眠りしてください！」

　ぼくは，体操が始まる前に，シニアの方々にいつもこう言っています。
　ぼくがそう言うと，笑う方もいますが，自分では本気でそう思っています。

　その理由は，「誰にも注意されないようにしたい」からです。

　集団で体操をしているときに，もし隣の人が居眠りしていたら，
「ほら！　ちゃんとやりなさいよ！」
と言いたくなるのはよくわかります。

　でも，ちょっと待ってください！
　ひとくちにシニアと言っても，その年齢は下は 60 代から上は 90 代
まで。その差はなんと最大で 30 以上にもなります。

　気力，体力，集中力といった心身レベルにも著しい差があります。

　だから，ぼくは「疲れたら自由に休んでください」と言います。
　はじめにそう言っておけば，注意されることもなくなります。
「眠くなったら居眠りしてください！」
と言うのも，これと同じ理由なのです。

　ぼくが考えるシニアの体操とは，「やりたい人がやりたいだけやれば
いいし，休みたい人は休めばいい」です。

26 考えて拍手

1から30までかぞえて，3の倍数のところで手をたたきます。

ねらいとききめ 〔脳トレ〕 〔集中力アップ〕

すすめかた

① 2人でします。

② 2人でいっしょに，1から30まで声を出して数をかぞえます。

③ ただし，3の倍数は言わずに（声を出すかわりに）手をたたきます。

④ どちらかひとりでも間違えたら，1から再スタートします。

⑤ 30までいけば大成功です。

スタッフの方におすすめテク！

●こうするとよい！

2人でいっしょに，元気に声を出してしましょう！

●こんなのもあり！

「3と5の倍数は言わずに手をたたきます」としてもオッケーです。（むずかしくなります）

㉗ これなんだろう？

相手が出したグー・チョキ・パーのどれかを，目をとじて手でさわって当てます。

ねらいとききめ　(スキンシップ)　(思考力アップ)

すすめかた

① 2人一組でします。

② どちらかひとりが目をとじて両手を前に出します。

③ もうひとりは，片手を前に出してグー・チョキ・パーのいずれかを出します。

④ 目をとじたままで，相手の手を両手でさわって何かを当てます。

⑤ 1回で正解したら大成功です。

⑥ 交代してしましょう。

スタッフの方におすすめテク！

●こうするとよい！

正解はあまり気にせずに楽しんでしましょう。

●こんなのもあり！

「2回までに正解すればよい」としてもオッケーです。

28 ジェスチャークイズ！

声は出さずに，身振り手振りだけで表現して相手に伝えます。

ねらい と ききめ （表現力アップ） （思考力アップ）

すすめかた

① 2人でします。

② 2人のどちらかひとりに問題のこたえを教えます。

③ こたえを身振り手振りだけで相手に伝えます。

④ こたえは何度間違えてもオッケーです。

⑤ 正解できれば大成功です。

スタッフの方におすすめテク！

●こうするとよい！
問題をたくさん用意しておきましょう。

●こんなのもあり！
たとえば，「あしぶみ」「ばんざい」「ひげ」「ぼうし」「つえ」「はさみ」「ほうちょう」「うちわ」「おにぎり」「すし」「そば」「うどん」「エイエイオー」などなど。

Ⅱ 少人数で盛り上がるシニアの1、2分ゲーム

㉙ 引き算じゃんけん

2人でじゃんけんをして，指の数で引き算をします。

ねらいと**ききめ** （思考力アップ） （集中力アップ）

すすめかた

① 2人一組でします。

② じゃんけんをします。

③ パーは5。チョキは2。グーは1として，素早く引き算をします。（大きい数から小さい数を引きます）

④ 先に正解した方が勝ちです。

⑤ 何度か繰り返してしましょう！

スタッフの方におすすめテク！

●こうすると**よい**！

「じゃんけんポイ！」と2人でいっしょに，元気に声を出して言いましょう。

●こんなのも**あり**！

足し算でしてもオッケーです。

30 手のひらことば

自分の手のひらに字を書いて，その文字が何かを当ててもらいます。

ねらいとききめ 集中力アップ　スキンシップ

すすめかた

① 2人一組でします。
② どちらかひとりに，スタッフがある言葉を教えます。
③ その言葉を自分の手のひらに指で書きます。
④ 自分の手のひらを相手に見せながらしましょう。
⑤ 正解すれば大成功です。
⑥ 交代してします。

スタッフの方におすすめテク！

●こうするとよい！

たとえば，漢字1文字。「目」「山」「川」「木」「十」「口」「三」「七」「九」「土」「田」「大」など。

●こんなのもあり！

たとえば，ひらがな2文字。「あめ」「はる」「あき」「そら」「うみ」「しろ」「あい」「いぬ」「かき」など。

㉛ 逆さことば

ある言葉を逆さまから読んで，その言葉が何かを考えます。

ねらいとききめ　〔 思考力アップ 〕　〔 集中力アップ 〕

すすめかた

① 　2 人一組のペアでします。
② 　スタッフが，ある言葉を逆さまから読みます。たとえば，「なつ」なら「つな」。
③ 　それを 2 人でいっしょに考えます。
④ 　正解すれば大成功です。
⑤ 　何度か繰り返してしましょう。

スタッフの方におすすめテク！

●こうするとよい！

たとえば，2 文字。「あし」「あめ」「くり」「にし」「やま」「ほし」などなど。

●こんなのもあり！

たとえば，3 文字〜4 文字。「かがみ」「でんき」「さんま」「すいか」「まないた」「だいこん」「はくさい」「たいやき」などなど。

㉜ 最後が「ん」で勝つしりとり

最後が「ん」で終わる言葉を言えたら勝ちのしりとりです。

ねらいとききめ （仲間づくり）　（思考力アップ）

すすめかた

① 　2 人でします。

② 　2 人のうちのどちらかひとりから，しりとりをはじめます。

③ 　「やきゅう」→「うみ」→「みかん」など。最後が「ん」で終わる言葉を言った人の勝ちとします。ただし，「ん」で終わる言葉は 3 文字以上の言葉とします。

④ 　何度か繰り返してしましょう。

スタッフの方におすすめテク！

●こうするとよい！

スタッフの方が，言った言葉をホワイトボードなどに書き出していくとわかりやすいです。

●こうすると楽しい！

3，4 人でしてもオッケーです。

33 あいこでじゃんけん

2人でじゃんけんをして，あいこになったら大成功です。

ねらいとききめ　仲間づくり

すすめかた

① 2人一組でします。
② じゃんけんをします。
③ あいこが出れば（同じものが出たら）成功です。
④ 違うものが出たら（あいこにならなかったら），あいこになるまでします。
⑤ あいこが5回出たら，終わります。

スタッフの方におすすめテク！

●こう言うとよい！

スタッフの方は，「あいこが出れば成功です」と言いましょう。

●こんなのもあり！

3，4人でしてもオッケーです。（むずかしくなります）

㉞ げんこつ山

　4つのげんこつ（グー）を2人で重ねて，下のげんこつを上に動かしていきます。

ねらいとききめ　（集中力アップ）　（スキンシップ）

すすめかた

①　2人一組でします。

②　両手をグーにして，2人でグーを4つ（たてに）重ねます。

③　このときに，自分のグーとグーの間に相手のグーをはさみます。

④　一番下のグーを一番上に移動します。これを10回繰り返します。

⑤　最後まで間違えずにできれば大成功です。

スタッフの方におすすめテク！

●**こうするとよい！**

　手の位置が徐々に高くなるので，手を下にさげながらしましょう。

●**こんなのもあり！**

　一番上のグーを一番下に移動します。これを10回繰り返してもオッケーです。

㉟ たくさんしりとり！

制限時間内に，とにかくたくさん，しりとりしてもらいます。

ねらいとききめ 思考力アップ 集中力アップ

すすめかた

① 2人でします。

② じゃんけんをして勝った人から，しりとりを開始します。

③ スタッフの合図でしりとりをスタートします。

④ 1分間で，できる限りたくさん，しりとりしましょう。

スタッフの方におすすめテク！

●**こうするとよい！**

競うことより協力することを楽しんでしましょう。

●**こんなのもあり！**

しりとりを10個とか20個とか，目標を決めてもオッケーです。

㊱ なかよしステップ

相手が右足を出したときに自分は左足を引きます。

■ねらいとききめ 〔記憶力維持〕

すすめかた

① 2人一組でします。

② 2人が向かい合って座ります。（握手するぐらいの距離で）

③ どちらかひとりが，❶右足を前，❷左足を前，❸右足を後ろ，❹左足を後ろの順に動かします。

④ もうひとりは，❶左足を後ろ，❷右足を後ろ，❸左足を前，❹右足を前の順に動かします。

⑤ 「いち，にい，さん，しい」と2人でいっしょに声を出してします。

⑥ うまくできれば大成功です。

スタッフの方におすすめテク！

●こうするとよい！

「いち，にい，さん，しい」と2人でいっしょに元気に声を出しましょう。

●こんなのもあり！

2人の足の動きを反対に（③と④を反対に）してもオッケーです。

㊲ ぴったんこタッチ

スタッフの指示をよく聞いて，2人で両手を合わせます。

ねらいとききめ （反応力アップ）

すすめかた

① 2人一組でします。

② はじめに，ひとりで手を2回たたきます。

③ 次に，2人で両手を1回合わせます。

④ このときに，スタッフが「あたま」「むね」「おへそ」のいずれかひとつを言って，手を合わせる高さを指示します。

⑤ うまくできたら大成功です。

⑥ 何度か繰り返してしましょう。

スタッフの方におすすめテク！

●こうするとよい！

「いち，にい，さん」のリズムでしてみましょう。

●こんなのもあり！

様子を見て，「あたまのうえ」や「ひざ」を追加してもオッケーです。

㊳ 何て言ってるんでショー

ある言葉を，声を出さずに口パクだけで，相手に伝えます。

ねらいとききめ 　 集中力アップ 　 仲間づくり

すすめかた

① 　2 人でします。
② 　2 人のどちらかひとりに，スタッフがある言葉を教えます。
③ 　その言葉を，声を出さずに口パクだけで，相手に伝えます。
④ 　正解すれば大成功！
⑤ 　交代してします。

手かな？

スタッフの方におすすめテク！

●こうするとよい！

たとえば，1 文字。「目（め）」「手（て）」「木（き）」など。

●こんなのもあり！

たとえば 2 文字から 3 文字。「かめ」「みみ」「もも」「はな」「みず」「やかん」「ばなな」「あたま」「たまご」「れいわ」など。

㊴ お笑い顔じゃんけん

手ではなく顔だけでする，じゃんけんです。

ねらいとききめ 　顔の体操　　記憶力維持

すすめかた

① 　2人一組でします。

② 　口をとじたらグー。ひらいたらパー。とがらせたらチョキ。これを何度か繰り返し練習して覚えます。

③ 　2人でじゃんけんをします。

④ 　何度か繰り返してしましょう。

スタッフの方におすすめテク！

●こうするとよい！
できる限り口を大きく動かしましょう！

●こう言うとよい！
「じゃんけんしたときに笑ってしまったら負け」としてもオッケーです。

㊵ カラダでじゃんけん

手と腕（と足）を使って，体でじゃんけんをします。

ねらいとききめ （記憶力維持）

すすめかた

① 2人一組でします。
② グーは腕組み。チョキは合掌。パーはバンザイ。これを覚えます。
③ じゃんけんをします。
④ 何度か繰り返してします。
⑤ 元気に声を出してしましょう。

じゃんけん ポイ！

グー　チョキ　パー

スタッフの方におすすめテク！

●こうすると楽しい！

「じゃんけんポイ！」と2人でいっしょに，元気に声を出して言いましょう。

●こんなのもあり！

足でじゃんけんをする。グーは足をとじる。チョキは片足を前に出す。パーは足をひらく。

㊶ マネしちゃダメよ〜

頭，肩，ひざのどこかをさわって，同じポーズをしたら負けです。

ねらいとききめ （反応力アップ） （雰囲気づくり）

すすめかた

① スタッフとほか 3, 4 人でします。

② スタッフの「いっせーのーせっ！」の合図で，全員同時に，頭，耳，鼻のいずれかを両手でさわります。

③ スタッフと同じところをさわってしまったら負けです。

④ 何度か繰り返してしましょう。

スタッフの方におすすめテク！

●こう言うとよい！

スタッフの方は，「同じポーズをしたら負け」とか，「マネしたら負け」と言いましょう。

●こんなのもあり！

2 人一組で，スタッフの役をじゃんけんで勝った人からはじめて，攻守を交代しながら繰り返します。

㊷ 顔だけあっち向いてホイ！

手を使わないで顔だけでする，「あっち向いてホイ！」です。

ねらいと**ききめ**　（首のストレッチ）　（集中力アップ）

すすめかた

① 　2 人一組でします。
② 　じゃんけんをします。
③ 　「あっち向いてホイ！」で，2 人同時に顔だけ右か左を向きます。
④ 　（じゃんけんで）負けた人は，（じゃんけんで）勝った人と同じ方向を向いてしまったら負けです。
⑤ 　何度か繰り返します。

あっちむいて
ホイ！

スタッフの方におすすめテク！

●こうすると**よい**！

「あっち向いてホイ！」と言って，「ホイ！」のタイミングで同時に顔を動かしましょう。

●こんなのも**あり**！

顔を向ける方向に下を加えて，顔の動きを右か左か下のいずれかにします。

㊸ 勝ったらバンザイ！

じゃんけんで勝ったらバンザイ，負けたらおじぎ。間違えずにできれば大成功！

ねらいとききめ （記憶力維持）　（リズム感覚体感）

すすめかた

① 2人一組でします。

② 2人で向かい合って，いっしょに7回手をたたいて，8回目でじゃんけんします。

③ じゃんけんをしたあとに，また7回手をたたいて，8回目で（じゃんけんで）勝った人はバンザイをして，（じゃんけんで）負けた人は手をひざについておじぎします。

④ 2人とも間違えずにできれば大成功です。

⑤ 何度か繰り返してしましょう。

スタッフの方におすすめテク！

●**こうするとよい！**

2人でいっしょに声を出して数をかぞえましょう。

●**こんなのもあり！**

「いち，にい，さん，しい，ごお，ろく，しち，ホイ」（ホイでじゃんけん）

「いち，にい，さん，しい，ごお，ろく，しち，はち」（はちでバンザイ，またはおじぎの動作）

㊹ 逃げるが勝ち！

じゃんけんをして勝った人が，負けた人の手をすばやくタッチします。

ねらいとききめ 　判断力アップ

すすめかた

① 　2人でします。

② 　左手同士で軽く握手します。

③ 　右手同士でじゃんけんをします。

④ 　勝った人は，負けた人の（左手の）手の甲をやさしくタッチします。

⑤ 　負けた人は，タッチされないように左手をすぐに離して引っ込めます。

⑥ 　何度か繰り返してやりましょう！

スタッフの方におすすめテク！

●こう言うとよい！

スタッフの方は，あまり強くたたかないように，「やさしくタッチ」するように言いましょう。

●こんなのもあり！

握手をするかわりに，お互いの左手を前に出して手のひらを下にして，同じようにしてもオッケーです。

Ⅱ 　少人数で盛り上がるシニアの1、2分ゲーム

53

㊺ リズムであくしゅ

リズムに合わせて，右手と左手で交互に握手を繰り返します。

ねらいとききめ 　リズム感覚体感

すすめかた

① 　2 人一組でします。

② 　右手で握手をして，にぎっている手を 8 回上下に振ったあと，左手で同様に 8 回します。

③ 　右手で 4 回，左手で 4 回します。

④ 　右手で 2 回，左手で 2 回します。

⑤ 　右手で 1 回，左手で 1 回します。

⑥ 　最後は両手でハイタッチして終わります。

いち，にぃ，さん，しぃ…

スタッフの方におすすめテク！

●こうするとよい！

「いち，にい，さん，しい……」と 2 人でいっしょに，元気に声を出してかぞえながらしましょう。

●こんなのもあり！

ゆっくり，ふつう，速くと徐々にテンポアップしていきます。

㊻ ニックネームパス！

ニックネームを決めて，ニックネームで呼ばれたら，「はい」と返事をします。

ねらいとききめ　　(記憶力維持)　(反応力アップ)

すすめかた

① 3, 4人でします。
② はじめに，それぞれのニックネームを決めていきます。
③ スタッフは，メンバーの誰かのニックネームを呼びます。
④ 呼ばれた人は「はい」と必ず声を出して返事をします。
⑤ 何度か繰り返してやりましょう。

スタッフの方におすすめテク！

●**こうするとよい！**
名前にちゃんをつける。たとえば，
「みちこ」さん→「みちこちゃん」または「みっちゃん」
「かずお」さん→「かずおちゃん」または「かずちゃん」

●**こんなのもあり！**
ニックネームを呼ばれた人が返事をしたあとに，呼ばれた人がほかの誰か（のニックネーム）を呼んでもオッケーです。

④ 肩たたきじゃんけん

　2人でじゃんけんをして負けた人が，勝った人の肩をやさしく肩たたきします。

ねらいと**ききめ**　（血行促進）　（スキンシップ）

すすめかた

① 　2人一組でします。
② 　じゃんけんをします。
③ 　負けた人は，勝った人の肩を 10 回やさしくたたきます。
④ 　何度か繰り返してしましょう。

スタッフの方におすすめテク！

●こう言うと**よい**！

　スタッフの方は，「強くたたきすぎないように」「やさしく，軽くたたくように」言いましょう。

●こんなのも**あり**！

　「このあたり」と，どこをたたいてほしいかリクエストしながらしてもオッケーです。

㊽ 小さいあくしゅ大きいあくしゅ

握手した手の動きを，小さくしたり大きくしたりします。

ねらいと**ききめ**　スキンシップ　仲間づくり

すすめかた

① 　2 人一組でします。
② 　右手同士で握手をします。
③ 　にぎっている手をできるだけ小さく小刻みに動かします。
④ 　次に，にぎっている手をできるだけ大きく上下に動かします。
⑤ 　③④を各 10 回，声を出してかぞえながらしましょう。

小さいあくしゅ 　大きいあくしゅ

スタッフの方におすすめテク！

●こうすると よい！
　小さい握手のときはより小さい声で，大きな握手の時はより大きな声を出してかぞえながらしましょう！

●こんなのも あり！
　右手で握手したあと，左手で握手してもオッケーです。

㊾ 笑ってあくしゅ！

2人で握手しながら思いっきりニッコリと笑います。

ねらいとききめ （雰囲気づくり）　（スキンシップ）

すすめかた

① 　2人一組でします。
② 　右手で軽く握手します。
③ 　このときに相手の目を見て，ニッコリと笑います。
④ 　握手した手を上下に10回振ります。
⑤ 　元気に声を出してしましょう。

いち，　にい，　さん，しい，
ごお，　　　　　ろく，　　　しち，
はち，　　きゅう，　　じゅう

スタッフの方におすすめテク！

●**こう言うとよい！**
　ニッコリと笑ったままで，かぞえてしましょう。

●**こんなのもあり！**
　右手で握手したあと，左手で握手してもオッケーです。

㊿ 超ゆびきり！

小指でゆびきりして，ほかの指でもゆびきりします。

ねらいと**ききめ**　手指の器用さ維持　手指のストレッチ

すすめかた

① 　2人一組でします。
② 　はじめに，小指でゆびきりをします。
③ 　次に，人差し指でゆびきりします。
④ 　そして，中指，薬指でゆびきりします。
⑤ 　最後に親指でゆびきりしましょう。

スタッフの方におすすめテク！

●こう言うとよい！
「ゆびきりげんまん，うそついたら，はりせんぼん，のーます！　ゆびきった！」2人でいっしょに元気に言ってしましょう！

●こんなのもあり！
反対の手でしてもオッケーです。

くだらないことが体操やゲームをおもしろくする

「人差し指を出してください」
「その人差し指をほっぺにつけてください」
「そのまま。はい，ニッコリ！」

ぼくは，突然，こんなことをやります。

では，なんでこんなことをするか？
その理由は，集中力を持続するためです。

シニアが体を動かし続けるには，気力と体力と集中力がいります。
ずっとマジメにやっていたら，疲れてしまいます。
なので息抜きが大事。

くだらないことが，適度な息抜きになります。
さらに笑いが出れば，リラックスして運動効果が上がります。

「体操がつまらない」
「ゲームをおもしろくしたい」

　そう思ってる現場スタッフの方は，おもしろいことを考えるよりも，
くだらないことをしてみてください。
　くだらないことが体操やゲームをよりおもしろくしてくれますから。

　「もっと詳しく知りたい！」という方は，拙著『1，2分でできる！
シニアにウケる爆笑体操44』（黎明書房）をおススメします。

おわりに

自分の得意なしかたでレクリエーション活動を支援する

　ある中学校の学校改革の話です。
　その中学，なんとひとり担任をやめて複数担任に変えました。
　するとどうなったか？
　先生が自分の得意な分野で能力を発揮できるように変わったのです。

　ひとり担任だと，授業，生徒指導，行事企画運営，保護者対応などなど，すべてをひとりでしなければならない。けれど，複数担任だと，それぞれの適性に応じた仕事ができるようになると言います。

　たとえば，
　・生徒指導が得意な先生。
　・保護者とのコミュニケーションが上手な先生。
　・行事企画運営が得意な先生。

その人の能力が最大限に発揮できるのです。

　これってよく考えてみたら，スポーツではあたりまえの話です。

　野球で言えば，足が速い人は１番バッターに。バントが上手な人は２番バッターに。打球を遠くに飛ばせる人は４番バッターに。

　人間には得手不得手があるのに，**全員が同じ仕事を，同じようにしているのは，もったいない**気がします。

　そこで，ぼくからの提案です。

　介護現場でも，**自分の得意なしかたでレクリエーション活動を支援してみ**

たらどうでしょうか。

現場で働く方々にも，それぞれ得意なことがあると思います。

たとえば，
・人前で話すのが得意な人は人前で話して。
・歌が好きな人なら歌うことで。
・楽器演奏が好きな人は楽器演奏で。
・絵が好きな人はいっしょに絵を描いて。
・おしゃべり好きな人は楽しくおしゃべりして。

どれもこれも，素敵なレクリエーション活動なんですから。

全員が同じことを同じようにする必要はありません。

シニアが満足するのであれば，どんなしかたでもいいと思います。

「自分の得意なしかたでレクリエーション活動を支援する。」

そう考えてみたら，ねっ，楽しそうでしょ！

令和2年1月

ムーヴメントクリエイター　斎藤道雄

著者紹介
●斎藤道雄

体操講師，ムーヴメントクリエイター。
クオリティ・オブ・ライフ・ラボラトリー主宰。
自立から要介護シニアまでを対象とした体操支援のプロ・インストラクター。
体力，気力が低下しがちな要介護シニアにこそ，集団運動のプロ・インストラクターが必要と考え，運動の専門家を数多くの施設へ派遣。
「お年寄りのふだん見られない笑顔が見られて感動した」など，シニアご本人だけでなく，現場スタッフからも高い評価を得ている。

[お請けしている仕事]
○体操教師派遣（介護施設，幼稚園ほか）　　○講演　　○研修会　　○人材育成　　○執筆
[体操支援・おもな依頼先]
○養護老人ホーム長安寮
○有料老人ホーム敬老園（八千代台，東船橋，浜野）
○淑徳共生苑（特別養護老人ホーム，デイサービス）ほか
[講演・人材育成・おもな依頼先]
○世田谷区社会福祉事業団
○セントケア・ホールディングス（株）
○（株）オンアンドオン（リハビリ・デイたんぽぽ）ほか
[おもな著書]
○『車椅子の人も片麻痺の人もいっしょにできる新しいレクリエーション』
○『椅子に腰掛けたままでできるシニアのための脳トレ体操＆ストレッチ体操』
○『超シンプルライフで健康生活』
○『目の不自由な人も耳の不自由な人もいっしょに楽しめるかんたん体操 25』
○『要介護シニアにも超かんたん！　ものまねエア体操で健康づくり』
○『認知症の人も一緒に楽しめる！　リズム遊び・超かんたん体操・脳トレ遊び』
○『介護レベルのシニアでも超楽しくできる　声出し！　お祭り体操』
○『介護スタッフのためのシニアの心と体によい言葉がけ 5 つの鉄則』
○『要介護シニアも大満足！　3 分間ちょこっとレク 57』
○『車いすや寝たきりの人でも楽しめるシニアの 1 ～ 2 分間ミニレク 52』
○『1,2 分でできるシニアの手・足・指体操 61』
○『椅子に座ってできるシニアの 1,2 分間筋トレ体操 55』
○『1,2 分でできる！　シニアにウケる爆笑体操 44』
○『椅子に座ってできるシニアの 1,2 分間筋トレ×脳トレ体操 51』（以上，黎明書房）
[お問い合わせ]
ブログ「みちお先生のお笑い介護予防体操！」：http://qollab.seesaa.net/
メール： qollab.saitoh@gmail.com

＊イラスト・さややん。

しょうにんずう　もりあ　　　　　　　　　　　　　　　　　ふんたいそう
少人数で盛り上がるシニアの 1，2 分体操＆ゲーム 50

2020 年 2 月 25 日　初版発行

著　　者　　斎（さい）藤（とう）道（みち）雄（お）
発　行　者　　武　馬　久　仁　裕
印　　刷　　藤原印刷株式会社
製　　本　　協栄製本工業株式会社

発　行　所　　　　　　　　株式会社　黎（れい）明（めい）書（しょ）房（ぼう）

〒460-0002　名古屋市中区丸の内 3-6-27　EBS ビル　☎ 052-962-3045
FAX 052-951-9065　振替・00880-1-59001
〒101-0047　東京連絡所・千代田区内神田 1-4-9　松苗ビル 4 階
☎ 03-3268-3470

椅子に座ってできるシニアの 1，2分間筋トレ×脳トレ体操 55

斎藤道雄著　　　　B5・68頁　1650円

右手と左手で違う動きを同時にしたり，口で「パー」と言いながら手は「グー」を出したり……，筋トレと脳トレがいっしょにできる体操を51種紹介。椅子に座ったままでき，誰もが満足できます！　2色刷。

1，2分でできる！ シニアにウケる爆笑体操 44

斎藤道雄著　　　　B5・70頁　1650円

笑って体を動かせばますます元気に！　道具も要らず座ってできる手・指・顔・足等を使った44の爆笑体操を，図を交えて紹介。スタッフのための爆笑体操の成功のワザも収録。2色刷。

椅子に座ってできる シニアの1，2分間筋トレ体操 55

斎藤道雄著　　　　B5・68頁　1650円

ちょっとした空き時間に，椅子に腰かけてでき，道具も不要で，誰もが楽しめる筋トレ体操を55種収録。よい姿勢を保つ力，歩く力等がつくなど，生活に不可欠な力をつける体操が満載。2色刷。

1，2分でできる シニアの手・足・指体操 61

斎藤道雄著　　　　B5・72頁　1700円

いつでも，どこでも，誰にでも，手軽にできて，運動効果抜群！　の手と足と指をメインにした体操を61種収録。現場スタッフのための体操の際の声掛けのコツ，体操を盛り上げるポイント付き。2色刷。

車いすや寝たきりの人でも楽しめる シニアの1～2分間ミニレク 52

斎藤道雄著　　　　B5・62頁　1650円

車いすや寝たきりのシニアの方々を対象にした，短時間で楽しくできるミニレクリエーションを52種厳選収録。「定番ゲーム」「脳トレ」「アート」「料理」等，魅力溢れる9ジャンルに分類し，紹介。2色刷。

要介護シニアも大満足！ 3分間ちょこっとレク 57

斎藤道雄著　　　　B5・66頁　1650円

高齢者介護の現場で使える，3分間でできるちょこっとレクを57種紹介。「あべこべカウント」「手ットボトル」「赤い歌合戦」など，多様なレクを時間に合わせ自由に組み合わせて活用できます。2色刷。

認知症の人も一緒に楽しめる！ リズム遊び・超かんたん体操・脳トレ遊び

斎藤道雄著　　　　B5・64頁　1600円

認知症のシニアも楽しめる「あくびが出た」「ふたり風船バレー」「じゃんけん足し算」など動きのシンプルなレクを収録。スタッフのための「こんな顔で援助すると効果的」などアドバイス付き。2色刷。

椅子に腰かけたままでできるシニアのための 脳トレ体操＆ストレッチ体操

斎藤道雄著　　　　B5・62頁　1650円

頭を使いながら体もいっしょに動かす脳トレ体操と，頭からつま先まで効果のあるストレッチ体操をそれぞれ組み合わせた6つのメニューを2色刷で紹介。脳トレで笑って，ストレッチで体をほぐそう。

椅子に腰かけたままでできるシニアのための 筋力アップトレーニング

斎藤道雄著　　　　B5・62頁　1650円

椅子に腰かけたままででき，器具や道具を一切使わずに，特別養護老人ホームなどの要介護シニアにも無理なくできる本当に役立つ筋トレを，イラストを交え紹介。2色刷。